Für den Pupsmeister und für Aunty Von — F. G.

Für Lenkiplenki (hat etwas länger gedauert),
für Frederike Furzknoten (benimm dich bloß nicht!)
sowie für meinen Lieblingsproff Manni Vogel
(hat etwas zu lange gedauert – ruh in Frieden!) — H. K.

Franziska Gehm * Horst Klein

BENIMM DICH – bloß nicht!

Gute Gründe für schlechte Manieren

Klett Kinderbuch

SOS

Mit einem Pups triffst du immer den richtigen Ton

Du kannst pupsen und gleichzeitig auch Pommes essen

Du kannst mit deinen Freunden die CD „Die schönsten Kinderpupse" aufnehmen

Du musst zu Weihnachten nie »Stille Nacht, Heilige Nacht« vor der Verwandtschaft pupsen

Du kannst lästige Knutsch- tanten k.o. pupsen

Ein Pups schärft nicht nur den Hörsinn

Du wirst überall auf der Welt verstanden

»Happy Birthday« singen kann ja jeder

Du musst keinen Text auswendig lernen

Du musst sie mit NIEMANDEM teilen

Popel kosten nix

POPEL KOMMEN AUS EIGENEM BIO-LOGISCH KONTROL-LIERTEN ANBAU

Du hast sie immer dabei

Warum POPEL besser

SCHO KO?

Warum du nie das machen solltest, was die Erwachsenen sagen

Wenn sie jemanden dressieren wollen, hätten sie sich einen Hund anschaffen sollen

Seit wann hört der Chef auf seine Angestellten?

Erwachsene sagen einfach viel zu viel — wer soll sich das merken?

Die haben doch selbst keine Ahnung

Sie sind viel zu gestresst, um sinnvolle Entscheidungen zu treffen

DEN FERNSEHER
KANNST DU NIE
FALSCH
HERUM HALTEN

Du kannst keine
Erdrohren in den
Fernseher machen

(Also eigentlich. Aber
in diesen hier nun
doch wieder)

Deine Eltern müssen
sich nicht beim Vorlesen
langweilen

Im Fernsehen ist
alles wie in echt,
nur viel schöner

Niemand muss
dir beim Fernsehen
vorgucken

Im Buch steht
immer dasselbe, im
Fernsehen kommt immer
etwas anderes

1. Auflage 2012
© by Klett Kinderbuch, Leipzig
Alle Rechte vorbehalten
Umschlaggestaltung, Illustrationen & Layout : Horst Klein
Herstellung : Tropen Studios, Leipzig
Druck & Bindung : AZ Druck und Datentechnik, Berlin
Printed in Germany
ISBN 978-3-941411-59-3

www. klett-kinderbuch . de